Lk 2402.

RECUEIL
DE PIECES INTÉRESSANTES,

POUR DÉVOILER

Les manœuvres de l'Aristocratie, lors de la formation de la Municipalité de ***

> Ploravêre suis non respondere favorem
> Speratum meritis.
>
> Leurs larmes coulent, parce que la reconnoissance du peuple ne répond ni à leur attente, ni à leurs BIENFAITS.
>
> HORACE, liv. 2, ép. 1.

A DIJON,
DE L'IMPRIMERIE DE P. CAUSSE.
M. DCC. XC.

AVIS
DE L'ÉDITEUR.

........Bien fou qui contraint ses desirs.
Les sots sont ici bas pour nos menus plaisirs.
Mais un autre intérêt que la plaisanterie,
Me détermine encore à cette brouillerie.
GRESSET.

EXTRAIT

Des registres des délibérations de la société anti-aristocratique.

Cejourd'hui 24 janvier 1790, du matin, les patriotes anti-aristocrates assemblés dans la salle ordinaire, un de Messieurs a dit :

Messieurs,

Nous voyons luire enfin l'aurore de ce jour fortuné qui doit nous venger, d'une maniere éclatante, des huées et des mépris dont d'ingrats concitoyens ont récompensé notre patriotisme. Dévoués par eux à une inutilité flétrissante, et peu faite pour nos ames magnanimes, nous devons réunir tous nos efforts pour éloigner des emplois de la municipalité, quiconque, imbu des maximes aristocratiques, n'auroit pas puisé dans notre sein cette austérité de principes, ce saint enthousiasme de la LIBERTÉ (1), cette sagesse profonde, qui jusqu'ici ont été les caracteres distinctifs des heureux enfans que cette assemblée a adoptés. La patrie a les yeux fixés sur nous, Messieurs ; elle a remis dans nos mains ses intérêts les plus chers ; pourrions-nous méconnoître sa voix ? et, redoutant un mépris qui ne peut plus s'accroître, nous livrer à un découragement honteux et pusillanime ?

La coalition des membres de cette assemblée devient urgente, Mes-

---

(1) LIBERTÉ, c'est le cri de ralliement.

sieurs : notre LIBERTÉ est menacée ; tous les moyens doivent paroître licites. Cicéron, dans des circonstances moins orageuses, dédaigna-t-il de recourir à une femme impure, pour découvrir cette conjuration effrayante contre la liberté de Rome ? Quel exemple pour vous, Messieurs, qui retracez, dans cette auguste assemblée, l'éloquence et les vertus de ce grand homme ! Si L'ARISTOCRATIE triomphe, si telle est notre affreuse destinée, que nous soyions condamnés à végéter avec une existence avilie, alors :

Quand on a tout perdu, quand on n'a plus d'espoir,
La vie est un opprobre, et la mort un devoir.

Non, Messieurs, je ne survivrois point à tant d'ignominie ; et il existe parmi nous plus d'un Caton, qui n'hésiteroit point à répandre ses entrailles magnanimes, afin de s'ensevelir sous les ruines de la LIBERTÉ.

Vous avez entendu de toutes parts, Messieurs, les vœux insensés d'un peuple imbécille, appeller à la dignité de votre chef un homme qui, je l'avoue, a signalé chaque jour de sa vie par des bienfaits, que le pauvre et l'opprimé n'implorerent jamais en vain ; un homme dont la calomnie même est forcée de respecter le civisme éclairé, et l'honneur (1) : comme s'il existoit quelque mérite à faire le bien que l'on peut faire ! comme s'il suffisoit d'être honnête homme et bon citoyen, pour obtenir vos suffrages !

Il n'a point été élevé parmi nous,

---

(1) Nous pensons qu'il est inutile de nommer ce digne citoyen : on ne peut le méconnoître à de pareils traits.

Messieurs; et ce titre doit lui imprimer, à vos yeux, le sceau d'une éternelle réprobation. Jurons donc, au nom de la patrie, au nom de nos statuts tutélaires de la LIBERTÉ, que jamais nous ne souffrirons qu'il soit promu, lui et ses adhérens, à des emplois qui nous sont exclusivement réservés.

Si je parcours cette assemblée, que de motifs encore pour fonder cette réprobation ! J'y vois un de ces hommes rares, faits pour honorer l'humanité et leur siecle, qui a fait revivre, de nos jours, l'éloquence mâle et républicaine des Démosthenes et des Cicérons; un de ces êtres privilégiés, nés pour dompter la nature et planer sur leurs semblables : j'y vois son confident, son ami, ardent, impétueux, aussi terrible que l'œuvre de ses mains ; leur digne émule, que la nature a dédommagé, avec tant de profusion, par le génie et la pensée de tout ce qu'elle lui a enlevé du côté de la parole ; ce sage instituteur, homme profond, universel, de qui le jugement calme, l'exacte impartialité, la dialectique invincible ont tant de fois subjugué vos hommages ; ce jeune Tribonien, cet oracle des loix, ce prodige d'érudition et de sagesse, l'espoir et l'appui de la patrie, MAGNAE SPES ALTERA ROMAE : enfin, Messieurs, je n'y vois que des hommes nés pour commander aux autres, et qui l'emportent autant sur leurs indignes rivaux, que les plus hauts cyprès sur des buissons stériles.

Hic tantum alios inter caput extulit......
Quantum lenta solent inter viburna cupressi.

Le choix, Messieurs, ne peut donc être douteux, vous méritez tous les suffrages. Mais ce n'est point assez pour les obtenir ; il faut écarter des rivaux importuns, tenter tous les moyens POSSIBLES pour surmonter ce qu'un vulgaire en délire croit devoir à l'honneur, à la sensibilité, à la reconnoissance. Je ne me permettrai pas de vous indiquer ces moyens, Messieurs ; c'est à votre sagesse qu'il appartient de les prescrire.

Sur quoi la matiere mise en discussion.

Il a été délibéré à la presqu'unanimité.

1°. Que L'ASSEMBLÉE applaudissoit à l'éloquence et au patriotisme de M..... et que son discours seroit transcrit dans le procès-verbal de ce jour : et cependant, qu'il ne seroit présenté à l'avenir à l'assemblée, aucun texte dans un idiôme étranger, vu l'importance de ne point consacrer des maximes erronées.

2°. Que quoique l'assemblée ne pût point dire comme le Roi Jean, après la bataille de Pavie (1), TOUT EST PERDU, HORMIS L'HONNEUR, néanmoins il n'échéoit de mourir dans aucune circonstance.

---

(1) Il y a, dans ce second article, un léger anachronisme de près de deux siecles. Le roi Jean fut fait prisonnier à la bataille de Poitiers, livrée le 19 septembre 1356; et François Ier. à celle de Pavie, donnée le 24 février 1525. Au surplus, il n'est pas donné à l'homme d'être universel; et l'on doit, en pareil cas, suivre la maxime, que lorsqu'un ouvrage étincelle de beautés sublimes, il faut fermer les yeux sur de légers défauts.

Ubi plura nitent...... non ego paucis
Offendar maculis.
      HORAT. de Art. poët.

3º. Que les vertus pacifiques constituant essentiellement le bon citoyen, les patriotes n'exposeront point des jours précieux à la patrie, aux vengeances privées des ARISTOCRATES; en conséquence, que tous et un chacun des membres de cette assemblée tâteront préliminairement leur homme, afin de trouver plus poltron qu'eux.

4º Que tous ceux desdits membres revêtus de quelques pouvoirs militaires, se trouveront, aux heures indiquées, aux salles des assemblées, chacun en son district, en grand uniforme, et munis de leurs sabres.

5º. Enfin, qu'ils s'opposeront, de toutes leurs forces, et néanmoins sans s'écarter de ce qui leur est prescrit par l'article 3, à l'élection de tout individu qui ne pourroit donner ce mot de la coalition : NUL n'aura de l'esprit que nous et nos amis.

Déclarant dès à présent l'assemblée, qu'elle répute brave et digne d'elle, quiconque n'opposeroit qu'une tolérance impassible aux outrages aristocratiques.

Signé à la minute, * * * Par extrait, * * *

Extrait, etc.

Dudit jour, de relevée.

Sur ce qui a été proposé par un de Messieurs, qu'il paroissoit important d'entretenir, dans cette assemblée, les orateurs en haleine, et de conserver les restes précieux de cette éloquence véritablement républicaine, réfugiée dans cette auguste enceinte, comme dans son dernier asyle, afin de glacer d'effroi la tyrannie aristocratique, si elle osoit encore élever la voix.

Il a été unanimement délibéré, que toute motion, quel que soit son objet, sera à l'avenir développée dans un discours, lequel sera inséré dans la délibération, afin de consacrer, aux yeux de la postérité, le patriotisme, l'éloquence et les lumieres de l'assemblée.

Signé, etc.

Extrait, etc.

Du lundi 25 janvier 1790, du matin.

Un de Messieurs, en grand uniforme, muni de son sabre et de son baudrier verni, à la forme de l'article 4 de la délibération intervenue le jour d'hier, a dit.

Messieurs,

Il est arrivé ce jour de désolation et de deuil dont votre infatigable sagesse a voulu prévenir le retour. L'aristocratie triomphe ; vous voilà replongés dans les horreurs inséparables du joug que vous aviez secoué, et vos mains généreuses vont être de nouveau chargées de ces fers honteux qu'elles étoient parvenues à briser. Qui l'eût dit, Messieurs, que le succès ne couronneroit point vos sublimes efforts ? Ah ! désormais...

Ma foi, sur l'avenir bien fou qui se fiera ;
Tel qui rit vendredi, dimanche pleurera.

J'ai vu, Messieurs, un peuple insensé se précipiter avidement au devant du joug aristocratique ; je l'ai vu encenser l'idole qu'avoit renversée l'éloquent, le profond auteur de l'avis important (1) : je l'ai vu disposé à déférer servilement la dignité

---

(1) Le grand publiciste à qui nous devons cet ouvrage, paroît avoir senti L'IMPORTANCE de la maxime,

> L'auteur fait sagement de garder l'anonyme.

Il loue, avec bien de la justice, un autre écrit, dont les notes, pleines de cette politesse attique, trop méconnue parmi nous, suffiroient pour immortaliser leur auteur. Aurions-nous deviné le motif de ces éloges fraternels ?

> Griphon, rimailleur subalterne,
> Vante Siphon le barbouilleur ;
> Et Siphon, peintre de taverne,
> Prône Griphon le rimailleur.
> Or, en cela, certain railleur
> Trouve qu'ils sont tous deux fort sages ;
> Car sans Griphon et ses ouvrages,
> Qui jamais eût connu Siphon ?
> Et, sans Siphon et ses suffrages,
> Qui jamais eût prôné Griphon ?
>
> ROUSSEAU, Epig. liv. 1.

de chef municipal, à cet homme que nous avons solemnellement frappé d'une réprobation éternelle ; à cet homme dévoué à l'odieuse aristocratie; à cet homme enfin, que vos leçons n'ont point instruit. J'ai vu les nôtres dispersés par des citoyens pervers.

J'ai vu.... tous ces malheurs, et je n'ai pas trente ans.

Pardonnez, Messieurs, à ma douleur, à mes larmes, le désordre de ce discours, et daignez prescrire les moyens d'éloigner les maux que l'on nous prépare.

Sur quoi la matiere mise en délibération.

Il a été unanimement arrêté, que tous les membres de la société se transporteront sur le champ, vu le péril imminent de la liberté, chacun dans son district, afin d'opposer les derniers efforts au triomphe des aristocrates; qu'ils mettront en usage les moyens les plus sûrs, les plus efficaces, pour empêcher le détriment de la chose publique (1);

---

(1) Nous avons lieu de regretter, qu'un article de la premiere délibération ait proscrit toutes citations dans un idiôme étranger. Que de traits heureux d'érudition fera perdre au lecteur cette défense barbare ! Il ignore, par exemple, que les Catons, les Brutus, dont nous lui transmettons la gloire, n'ont pas voulu seulement lui présenter une phrase oiseuse et sonore; mais une formule sacrée, que le sénat de Rome n'employoit que lorsque la république étoit dans un danger imminent. SENATUS DECREVIT, dit Salluste, DARENT OPERAM CONSULES, NE QUID RESPUBLICA DETRIMENTI CAPERET. Répétons donc, après ces grands hommes :

Ma foi, le jugement sert bien dans la lecture !

auquel effet, tous et un chacun desdits membres demeurent invités de faire à l'assemblée, qui ne désemparera point, jusqu'à ce que l'élection du maire soit consommée, leur rapport des mouvemens des aristocrates, pour, à la vue desdits rapports, être pris tel parti qu'il sera jugé nécessaire au bien public.

Signé, etc.

Extrait, etc.

Dudit jour 25 janvier 1790, de relevée.

Un de Messieurs a dit.

Messieurs,

Quelle révolution heureuse se prépare, et combien nos ennemis vont être humiliés! Il est donc vrai qu'un seul homme de génie et de courage peut changer la face des empires, et produire de ces événemens inespérés, que des esprits vulgaires n'oseroient pas même concevoir. Cet homme étonnant, Messieurs, est un de vos adeptes, un des freres chapeaux de cette confrérie patriotique. Il a long-temps combattu avec un succès incertain; mais enfin le sort a été favorable à la bonne cause. J'ai vu les insensés qui l'avoient provoqué, foudroyés d'un seul de ses regards; moi-même je ne pouvois, Messieurs, en soutenir l'éclat terrible; il avoit l'air du démon des batailles.

> Tel jadis contre tous, Achille furieux,
> Epouvantoit l'armée et partageoit les dieux.

Puis revenant à ce caractere de paix qu'il tient de la nature, » ci-» toyens, » a-t-il dit d'un accent fortement prononcé ; » citoyens, la » clémence me porte (1) à pardon- » ner à ceux qui se soumettent sans » murmure ; ma gloire m'impose la » loi d'humilier le superbe. Si jamais......... Mais j'oublie le » passé ; je ne laisserai point impunis » à l'avenir de semblables atten- » tats ..... (2). » Un silence d'ad-

---

(1) Nous aurons à gémir plus d'une fois, avec tout lecteur avide de s'instruire, de ce que la premiere délibération a mis autant d'entraves à l'érudition des orateurs de l'assemblée. Quel beau vers, par exemple, que celui-ci, dont la sécheresse de notre langue n'a permis qu'une paraphrase qui en tue l'énergie.

Parcere subjectis et debellare superbos.

(2) C'est en vain que l'on veut assujettir le savoir à des regles indignes de lui ; il perce toujours ; et nous ne sau-

miration et d'effroi régnoit dans l'assemblée : c'étoit, Messieurs, cet homme, ce *si fortè virum quem* (1), qui d'un mot calme la sédition, et subjugue les respects et l'attention d'un peuple mutiné ! Un quidam et plusieurs de ses complices et adhérens, que dès long-temps vous avez jugé indignes de vous être affiliés, ont

---

rions trop remercier l'auteur véhément de cette philippique, de ce qu'il a daigné nous indiquer lui-même les sources de son érudition : voici le passage.

> Tanta ne vos generis tenuit fiducia vestri ?
> Quos ego......
> Post mihi non simili pœna commissa luetis,
> Maturate fugam.

(1) Autre citation heureuse, par la justesse de l'application.

> .... Pietate gravem ac meritis, si fortè virum quem
> conspexère, silent.
> AEneidos, lib. 1.

porté l'irrévérence jusqu'à suspecter le haut dégré d'énergie et de courage de cette ame sublime ! Je vous les dénonce, Messieurs, afin que vous instruisiez l'univers par un exemple terrible, que :

Qui méprise Cotin, n'estime point son roi,
Et n'a, selon Cotin, ni foi, ni dieu, ni loi.

Sur quoi la matiere mise en délibération.

Il a été arrêté à l'unanimité :

Que celui de Messieurs qui a exposé généreusement sa vie pour le soutien de la liberté, seroit remercié par M. le président, au nom de l'assemblée, du zèle intrépide qu'il a fait paroître ; et invité néanmoins de ne point compromettre des jours dont dépend le salut public, en provoquant les haines aristocratiques.

Que tous et un chacun des membres de l'assemblée revêtiront pendant neuf jours un humble cilice, jeûneront au pain et à l'eau pendant ledit temps, en expiation de leurs péchés, et pour attirer les bénédictions du ciel sur la sainte ligue qui les unit (1).

---

(1) Nous croyons devoir rétablir un passage précieux qui se trouve omis sur la minute. Rougiroit-on de ne point encenser un FATALISME absurde? Des gens aussi sages auroient-ils oublié que la piété est le complément de toutes les vertus, et qu'il n'en existe point sans elle? Voici le texte omis.

Mes chers amis!
Je crois que le ciel a permis
Pour nos péchés cette infortune.
Que le plus coupable de nous
Se sacrifie aux traits du céleste courroux.
Peut-être il obtiendra la guérison commune.
L'histoire nous apprend qu'en de tels accidens,

Que le quidam, ses complices, fauteurs et adhérens qui se sont rendus coupables envers l'apôtre (1) de la liberté, d'un crime de lèse-patriotisme, demeurent exclus, eux et leur postérité, de tous emplois civils et militaires, et déclarés personnellement traîtres, infâmes, rebelles, et sous l'anathême perpétuel de la féve fatale (2) : en consé-

---

On fait de pareils dévouemens.
Ne nous flattons donc point, voyons sans indulgence
L'état de notre conscience.
La Fontaine, fable des animaux malades de la peste.

Le parti étoit violent ; voyez comme la délibération l'a sagement modifié.

(1) Le bon apôtre !......

(2) Chaque récipiendaire est assujetti au scrutin des féves ; et exclus, si quelqu'âme charitable l'a gratifié d'une féve noire.

quence, l'assemblée leur a interdit le feu et l'eau (1); et enjoint aux communes de leur courir sus, à peine de désobéissance.

Il a été arrêté en outre, que la présente délibération sera imprimée, lue, publiée et affichée par-tout où besoin sera.

Signé, etc.

Extrait, etc.

Du mardi 26 janvier 1790.

La séance ouverte, après la lecture du procès-verbal de la séance de relevée, du jour d'hier, M. le président a dit :

Messieurs,

Qu'il est flatteur pour moi de présider une assemblée qui, par son

---

(3) Formule renouvellée des Romains.

rare patriotisme, ses vues profondes, la sagesse de ses oracles, a mérité à chacun des membres qui la composent, le surnom glorieux D'ARÉOPAGITE ! Cette gloire insigne, je ne la dois, Messieurs qu'à votre indulgence ; vous avez vu seulement la pureté de mon cœur, et mon dévouement à la cause publique. Graces immortelles vous en soient rendues. Si une ingrate cité vous honnit,

C'est le sort des héros, d'être persécutés.

Coriolan, Cicéron, voilà vos devanciers et vos modeles; comme eux vous avez sauvé votre patrie, vous devez donc éprouver leur rigoureux sort. Mais elle sentira bientôt que son salut dépend de vous ; car :

J'ai beau parcourir tout ce qui la compose,
Je ne trouve que nous qui valions quelque chose.

La vérité, la justice triompheront,

n'en doutez point, Messieurs, des cabales de la noire aristocratie : humiliée dans la poussiere, ses yeux fuiront leur éclat importun ; et vous entendrez alors l'aristocrate au désespoir, s'écrier avec le bon homme Job : » périsse le jour où je suis né ;
» périsse la nuit où l'on a annoncé
» la fécondité de ma mere! (1) »

Quel avenir se prépare, Messieurs! comblés de biens, nous verrons à nos pieds le colosse superbe qui cherchoit à nous écraser ! Mais pour obtenir cet avenir desirable, il est un premier pas à franchir ; c'est d'éloigner le chef que d'insensés con-

---

(1) Voyez le génie s'échapper de ses entraves, à la faveur d'une traduction ! Voici le passage.

Pereat dies in quâ natus sum, et nox in quâ dictum est : conceptus est homo.
Job. cap. 3, n. 3.

citoyens se sont déja choisis. La loi l'a frappé d'exclusion ; il est percepteur d'impôts indirects. J'oserai, Messieurs, réclamer toute votre attention pour une discussion aride ; je m'efforcerai de la semer de quelques fleurs, afin de ne point effrayer vos imaginations brillantes par des raisonnemens trop abstraits.

J'ai dit, Messieurs, que le chef qu'indique la voix publique, et que nos délibérations ont proscrit, est percepteur d'impôts indirects, et cette vérité est démontrée par la nature même de ses fonctions.

Il est percepteur d'impôts, par cela seul qu'il ne perçoit aucuns impôts : il doit être mis dans la classe de ceux qui font la levée des deniers des impôts indirects, par la raison sans replique, qu'il n'a jamais fait, soit par lui-même, soit par des préposés, la levée d'aucuns deniers de cette espèce : enfin, ce qui est décisif, ce qui est péremptoire, il est percepteur d'impôts indirects ; parce que les deniers provenus de ces impôts, qu'il ne peut contraindre les receveurs particuliers de verser entre ses mains, ont, si je puis m'exprimer ainsi, changé de nature, en entrant dans sa caisse ; qu'ils y sont devenus DENIERS DU TRÉSOR PUBLIC, dont il n'est que le dépositaire. Je porte le défi le plus formel à L'ARISTOCRATE le plus captieux, de détruire des propositions de cette évidence. Je ne céderai, Messieurs, qu'à vos seules lumieres ; ce n'est qu'au tribunal d'une raison épurée, qu'à vous, que je défere ces argumens victorieux comme de simples doutes, et je vous prie de délibérer sur ce que je viens d'avoir l'honneur de vous présenter.

Sur quoi, M. le président retiré, la matiere mûrement discutée, ensuite de l'appel nominal.

Il a été unanimement arrêté :

Qu'il sera fait à M. le président une députation composée de douze de Messieurs, pour le féliciter, au nom de l'assemblée, de ce qu'il n'a point désespéré de la chose publique (1); et lui déclarer que l'assemblée applaudit à l'éloquence brûlante, et à la dialectique invincible avec laquelle il a démontré l'illégalité du choix projeté.

---

(1) Comme les grands hommes sont de tous les temps et de tous les siecles ! Ils ignorent peut-être qu'ils ont atteint, par le seul effort du génie, à la sublime politique de Rome, qui, après la bataille de Cannes, perdue par la faute du consul Terentius Varo, le fit féliciter DE NE POINT AVOIR DÉSESPÉRÉ DE LA RÉPUBLIQUE.

Arrêté en outre, qu'il lui sera présenté un extrait en forme de la présente délibération.

Signé, etc.

Par extrait, etc.

Extrait, etc.

Du mercredi 27 janvier 1790, du matin.

Un de Messieurs a dit :

Messieurs,

L'iniquité est consommée, et nous avons enfin subi le joug de l'odieuse ARISTOCRATIE. Vos oreilles ont été frappées des clameurs insultantes de son triomphe.

> Oh ! ma patrie, objet de ma douleur !
> Qui changera mes yeux en deux sources de larmes,
> Pour pleurer ton malheur ?

Des présages trop certains, Messieurs, m'avoient annoncé dès long-

temps cette infortune. Deux fois, sous mes yeux, des chênes altiers ont été frappés de la foudre ; deux fois les croassemens d'une sinistre corneille ont glacé d'effroi tous mes sens (1). Je vous ai tu ces présages terribles, dont le souvenir me fait encore frissonner d'horreur......
Esprits forts et sublimes (2), pardonnez à une douleur si bien justi-

---

(1) Ce passage prouve une vérité bien humiliante pour la nature humaine ; et

Qu'à l'humanité, quelque parfait qu'on fût,
Toujours par quelque foible on paya le tribut.

Virgile, dans sa premiere églogue, s'exprime à peu près comme l'orateur.

De cœlo tactas memini prædicere quercus
Sæpè sinistra cavâ prædixit ab ilice cornix.

(2) Ces esprits dont on nous fait peur,
Sont les meilleures gens du monde.
Zemire et Azor.

fiée par son objet. Il est encore, pour la patrie, des ressources qu'un seul homme ne peut détruire. Nouveaux Catons, soyez toujours les soutiens d'un parti lâchement abandonné par les dieux (1); et daignez permettre que ma foible voix vous indique quelques moyens de vous soustraire à un esclavage, pire mille fois que la mort.

Vous n'ignorez point, Messieurs, les ressources inépuisables que vous pouvez tirer de ces mots odieux, ARISTOCRATES, ARISTOCRATIE (2). Le peuple, qui juge d'après nous, et à

---

(1) On chercheroit vainement des citations vulgaires dans les discours de la confrérie; c'est une continuité de sublime qui finit par assommer.

Victrix causa diis placuit, sed victa Catoni.
LUCAN. PHARS.

(2) Clameur de haro.

qui nous nous sommes bien gardé de présenter une définition dont il eût senti toute la frivolité, se persuadera que sa liberté est en péril, lorsque les ARISTOCRATES ne prétendent point y attenter; il se persuadera que les nobles, le clergé refusent de lui alléger le poids des impôts, lorsqu'ils offrent de les supporter proportionnellement avec lui. Il regardera comme ses ennemis, ces ARISTOCRATES qui le font subsister, dont l'éloignement l'a plongé dans la plus affreuse indigence. S'il vient à deviner le piege; si son jugement lui dicte que le riche est nécessaire au pauvre, que le premier donne au second ses trésors en échange de son industrie et de son service; alors ne pourroit-on pas lui promettre, pour le rassurer, des manufactures sans consommateurs, ou telle autre ressource que la détresse du fisc ne permettra point de réaliser ?

Notre ville, Messieurs, n'attend son aisance que de la protection éclairée de l'assemblée nationale, de sa justice. Hé bien ! ne pourroit-on pas encore intimider les rebelles par un écrit d'un de ceux qu'elle y auroit députés, et provoquer cet écrit, en supposant que la ville, qui n'a pas éprouvé une seule de ces convulsions presque inséparables des grandes révolutions ; qui a manifesté le respect le plus profond, la soumission la plus entiere aux décrets de l'assemblée nationale, est un repaire de séditieux et de révoltés contre elle ?

Des lectures publiques de ces pamflets incendiaires, que vomit chaque jour l'esprit de parti ; des récits bien horribles de ces attentats sur la vie des citoyens, que la loi seule doit juger, quels que soient leurs crimes ; de prétendus complots prépareront encore le développement de ce germe précieux de haine contre les ARISTOCRATES.

Alors, Messieurs, nous tirerons de l'oubli ces étrennes (1), qu'un

---

(1) Les auteurs de ces deux ouvrages ne se sont point nommés; le public ne les connoît, et ne se soucie pas plus que nous de les connoître. On peut être estimable, et faire un ouvrage ridicule. Quant à nous, nous sommes dans l'impossibilité d'en juger ; et s'ils s'étoient nommés, nous aurions gardé le silence. S'ils se plaignoient de l'inhumanité de l'éditeur à remuer leurs cendres, qu'ils se l'imputent; il leur répondroit avec Moliere :

<small>Tu l'as voulu, George-Dandin.</small>

Harassés par la lecture, vingt fois interrompue, de L'AVIS, nous n'avons pu lire que la glose des ÉTRENNES. Le tableau PEUT être fort bon ; mais, à COUP SUR, il a un vilain cadre.

public trop désintéressé a refusées ; nous délivrerons l'imprimeur de L'Avis important, de l'édition entiere de cet ouvrage sublime ; moi-même j'oserai vous en dédier un, dans lequel je prodiguerai aux deux autres des éloges capables de surmonter les dégoûts de tout lecteur impartial (1) pour ces productions de génie. Je vous l'annonce, Messieurs ; il est intitulé :

LE CORDIAL DU CITOYEN,
ou
L'ARISTOCRATIE DÉVOILÉE.

Avec cette épigraphe.

Qu'en dites-vous ? cela peut faire un bruit de diable.
Une brochure unique, un ouvrage admirable,
Bien scandaleux, bien bon ; le style n'y fait rien :
Pourvu qu'il soit méchant, il sera toujours bien.
    LE MÉCHANT, acte 2, scene 3.

---

(1) On le souhaite ; mais l'entreprise paroît bien difficile.

Trop heureux, Messieurs, si je puis obtenir vos suffrages !.... plus heureux encore, si je parviens à dessiller des yeux que l'aristocratie a cataractés (1).

Sur quoi la matiere mise en délibération.

---

(1) Admirez, lecteur, ce mot de nouvelle création ; ce mot harmonieux, poétique, qui manquoit à notre langue. Le talent seul ne fait que ramper sur les routes tracées ; c'est au seul génie qu'il appartient de s'en créer de nouvelles. Si quelqu'esprit étroit y trouvoit à redire, nous lui répondrions avec Horace, ce précepteur du bon goût, qu'il a toujours été, et qu'il sera toujours permis d'employer un mot nouveau, quand il est marqué au bon coin.

Licuit, semperque licebit,
Signatum præsente notâ producere nomen.

Horat. de Art. poët.

Il a été arrêté à l'unanimité entiere :

Que les grands périls nécessitant des remedes extrêmes, chacun de Messieurs broiera les plus noires couleurs (1), pour effrayer l'imagination du peuple; qu'ils se serviront, avec toute l'énergie du patriotisme, contre les aristocrates, de toutes les ressources indiquées par l'orateur POST-PARLANT (2) : en conséquence, qu'il sera très-incessamment dressé des complaintes bien incendiaires et bien lamentables du danger du peuple, et des attentats de l'aristocratie contre sa liberté; qu'il sera réimprimé quatre mille exemplaires des RÉVOLUTIONS DE PARIS, depuis la

---

(1) Que cette image a de noblesse!

(2) Encore une acquisition pour la langue!

prise de la bastille inclusivement, jusques et compris l'expédition mémorable où le sang français a souillé les parvis du palais de nos Rois.

Et comme chaque chose a ses bornes et sa mesure (1), et que le peuple, dans sa fureur, ne connoît plus de frein, il a été arrêté que pour l'attiédir, le cas échéant, il sera sur le champ traité avec tous les libraires, imprimeurs et colporteurs de l'édition des Étrennes, si impoliment rejetées du public, et de cet Avis im-

---

(1) Nous touchons heureusement à la fin [car nous ne sommes pas doués de cette patience qui a immortalisé les Martignacs, les Costes et le glossateur des Étrennes]. Encore de l'érudition ; c'est de l'Horace tout pur !

Est modus in rebus, sunt certi denique fines.

portant (1) dont on lui avoit tant recommandé la lecture ; et qu'il en sera remis un exemplaire à chaque citoyen dont l'imagination se trouveroit trop volcanisée, afin de la calmer.

L'assemblée déclare qu'elle adhere aux raisons sages, lumineuses et solides développées dans le discours ci-dessus ; qu'elle approuve et sanctionne tous les partis qui y sont énoncés : enjoint à tous bons patriotes de prêter la main à leur exécution, sous les peines prononcées

---

(1) Ne pourroit-on pas appliquer à ce pamflet mort-né, aussi absurde que mal-adroit, A CET AVIS IMPORTANT, ce passage d'Horace ?

Quid dignum tanto feret hic promissor hiatu ?
Parturient montes, nascetur ridiculus mus.
De Art. poët.

par la délibération du 25 du présent mois, de relevée.

Enfin, elle a arrêté qu'elle agrée avec sensibilité et reconnoissance, la dédicace du Cordial du citoyen, et que l'auteur demeuroit invité à concourir, par ses lumieres, à éclairer ses semblables.

Signé, etc.

Extrait, etc.

Du mercredi 27 janvier 1790, de relevée.

Un de Messieurs a dit :

Messieurs,

Si je préférois la gloire à ma patrie, je pourrois couler encore quelques jours fortunés, à l'abri de l'immortalité réservée aux patriotes vertueux que ce lycée rassemble (1). Mais le spectre ensanglanté de ma malheureuse patrie, vient à chaque instant épouvanter mes yeux; sans cesse mes oreilles sont frappées du bruit affreux des chaînes dont la cruelle aristocratie a chargé cette tendre mere. Ces images funebres, Messieurs, les accens de sa voix gémissante me poursuivent, et je ne goûte plus de repos. Fuyons cette terre barbare, indigne de nos vertus; oui, Messieurs,

Que George vive ici, puisque George y sait vivre!

Mais nous, nous ne sommes point faits pour respirer l'air contagieux que l'on y respire. Allons chercher,

---

(1) Qu'il nous soit permis de suspecter la validité d'un pareil brevet, et de répéter, après une femme célebre : AH! LE BON BILLET QU'A LA CHATRE!

dans l'océan Atlantique, un pays inhabité que n'ait point encore infecté le souffle impur de l'aristocratie. Là, Messieurs, nous pourrons fonder une démocratie parfaite, ce gouvernement des anges (1). Là, nous n'aurons d'autres loix que celles tirées de la nature; et nous pourrons prouver aux siecles à venir, que la république de Platon, et le projet de paix perpétuelle de l'immortel abbé de Saint-Pierre, ne sont pas,

---

(1) Les illustres et vertueux patriotes, que nous offrons à l'admiration de l'univers, pouvoient seuls, sans témérité, concevoir un projet aussi hardi, aussi beau. J. J. Rousseau a dit, il est vrai, qu'il n'a jamais existé de véritable démocratie, et qu'il n'en existera jamais. C'étoit, nous sommes forcés de l'avouer, un grand homme; mais il n'avoit pas les lumieres et le génie du LYCÉE PATRIOTI-

comme d'insensés écrivains l'ont prétendu, de beaux délires de l'esprit humain, et qu'il nous étoit réservé de les réaliser.

Sur quoi la matiere mise en délibération.

Il a été unanimement arrêté, qu'il n'échéoit, quant à présent, vu la saison rigoureuse, et les vents contraires, de voyager sur l'océan Atlantique.

Signé, etc.

---

que. Nous ne lui pardonnerions point une assertion aussi erronée, aussi injurieuse à son siecle et à la postérité, s'il n'avoit pas ajouté à ce présage terrible, qu'un gouvernement si parfait ne convenoit point à des hommes, cette modification consolante : s'il y avoit un peuple de dieux, il se gouverneroit démocratiquement. Contrat social, liv. 3, chap. 4.

ÉPILOGUE DE L'ÉDITEUR.

Nous avons craint un instant de perdre autant de grands hommes. Heureusement ils restent ; et si le public accueille, comme nous n'en doutons point, les morceaux précieux que nous lui présentons, nous nous empresserons de lui offrir la suite de ces archives du patriotisme.

AVIS.

J'aurois persisté à ne point me nommer dans ce badinage, en m'en avouant ouvertement l'auteur, si l'on n'avoit cherché à se venger du ridicule par la calomnie. Je ne me suis point nommé, parce que la frivolité de l'ouvrage ne le comportoit point ; parce que c'eût été annoncer des prétentions toujours déplacées. L'anonyme, en pareil cas, n'a rien qui blesse la délicatesse ; mais en même temps, il est d'un honnête homme de ne rien livrer à la presse, qu'il ne puisse approuver hautement ; et c'est là ce qui nécessite ma réclamation.

Indociles au sifflet, quelques freres chapeaux, quelques novices de la secte prétendue patriotique, ont cherché à se venger, d'une maniere bien cruelle, d'un ridicule mérité. Ils ont imaginé de m'attribuer un ouvrage que je ne connois point, que je ne puis conséquemment juger ; il est intitulé : Lettre aux Welches. On m'assure que cet écrit est injurieux à l'assemblée nationale en général, et attentatoire à l'honneur de plusieurs de ses membres en particulier. Je ne dois donc pas laisser s'accréditer, par mon silence, une inculpation si opposée à mes sentimens, connus de mes calomniateurs mêmes.

J'ai toujours pensé, j'ai toujours dit que l'on devoit le respect le plus entier, la soumission la plus passive à l'autorité ; et je n'ai pu conséquemment parler en termes irrespectueux, soit collectivement, soit individuellement, des législateurs de la nation. J'ai, à la vérité, contribué, autant qu'il étoit en moi, à l'anéantissement des vastes projets que mes détracteurs avoient formés ; et si c'est un crime que de les mésestimer, je mérite la peine réservée au coupable. Je voyois avec indignation, que des intrigans sans mérite, cherchoient à usurper des places réservées au mérite seul. J'ai osé le dire ; et voilà la source de la haine qu'ils m'ont vouée, et que j'ai le bonheur de partager avec tous les bons citoyens.

Nuls dans l'ancien ordre de choses, ils ont cru qu'une grande révolution pouvoit les tirer de l'obscurité humiliante pour laquelle ils étoient nés. Quelques brochures éphémeres, répandues avec profusion, vantées sans pudeur, ont semblé d'abord justifier leur audacieux délire. A la faveur de ces écrits perturbateurs, et de leurs indécentes déclamations contre le clergé et la noblesse ; à la faveur de cette qualification, jamais définie, D'ARISTOCRATE, ils ont prêché leur doctrine intolérante, séditieuse ; et quiconque a eu le courage d'improuver leurs scandaleux excès, s'est vu, à l'instant même, déféré au tribunal du peuple, comme le partisan des ennemis de sa liberté.

Si l'intérêt public avoit été le motif de tant d'écarts, on pourroit leur pardonner et les plaindre, d'avoir erré sur le choix des moyens. Mais leur ambition seule excitoit leur zèle fanatique ; ils se partageoient sans pudeur les places qu'une nouvelle constitution décernoit au mérite, à la vertu, sur l'élection libre des citoyens. Pour réussir dans une aussi difficile entreprise, il falloit dévouer ceux que la voix, la reconnoissance publiques désignoient pour remplir ces places éminentes, à un odieux ostracisme ; et le moyen le plus sûr d'y parvenir, étoit d'accuser ces dignes citoyens, d'encenser l'idole imaginaire de l'aristocratie.

Si, comme ces Messieurs le prétendent, un aristocrate est celui qui desire, qui provoque une contre-révolution, il est facile de concevoir qu'un pareil être n'existe point, qu'il ne peut exister. Le recouvrement de quelques privileges, volontairement abandonnés dès le principe; des titres frivoles, dédommageroient-ils cette portion de citoyens indignement persécutée, outragée, calomniée, des fléaux et des horreurs inséparables de cette contre-révolution, qui, en armant les uns contre les autres les enfans d'une même patrie, les replongeroit inévitablement tous dans l'abîme d'un éternel despotisme?

Si, au contraire, l'aristocrate n'est que l'ennemi du bien commun, qui mérite d'être flétri de cette qualification, ou de celui qui souscrit, sans murmure, à tout ce que lui prescrit la puissance législative, en exhortant à l'union et à la paix ses concitoyens; ou de celui qui fomente et entretient parmi eux des divisions nécessairement nuisibles au rétablissement de l'ordre et au bonheur de tous?

A-t-on vu les ARISTOCRATES, les IMPARTIAUX, c'est-à-dire, les gens calmes et exempts des passions qui agitent leurs turbulens adversaires, déférer une partie de leurs concitoyens à l'exécration de l'autre? Les a-t-on vus attiser le feu de la discorde, par des écrits factieux ; recourir à d'indignes moyens, pour réaliser un plan d'oppression ; gêner la liberté des suffrages, ou plutôt la forcer ; mettre en usage les plus basses machinations, pour empêcher une coalition précieuse à la patrie? Les a-t-on vus recourir à la menace, à la violence, pour opérer le succès de quelques desseins pervers? Le clergé, la noblesse se sont-ils isolés parmi nous ; se sont-ils écartés d'un seul pas des routes tracées par les représentans de la nation? Et ne se sont-ils pas empressés de prouver, par leur soumission à la constitution nouvelle, qu'ils étoient des victimes que la calomnie vouloit livrer au fanatisme?

Je termine ici mes observations, parce que jaurai l'occasion de développer davantage chacune des vérités que j'ai annoncées, dans un écrit intitulé : Appel a la vérité. Je présenterai, dans cet ouvrage, l'esprit de la confédération prétendue patriotique, le genre de ses ressources, ses inconséquences et ses bévues. Je la prendrai au berceau, c'est-à-dire, au moment où elle a commencé d'agiter ses grelots; et j'ose prédire, tant la matiere est riche et féconde, que cette épigraphe ne paroîtroit point présomptueuse.

.... Je veux les célébrer
Si bien, que de six mois ils n'osent se montrer.

Moreau puîné,
Avocat au parlement.